Impressum
Verlag: BABADADA GmbH, Nedderfeld 112 , 22529 Hamburg
Geschäftsführer / Verlagsleitung: Harald Hof
Druck: Books on Demand GmbH, In de Tarpen 42, 22848 Norderstedt

Imprint
Publisher: BABADADA GmbH, Nedderfeld 112 , 22529 Hamburg, Germany
Managing Director / Publishing direction: Harald Hof
Print: Books on Demand GmbH, In de Tarpen 42, 22848 Norderstedt, Germany

школа

مدرسه

классная комната
کلاس درس

делить
تقسیم کردن

186/2

доска
تخته

школьный двор
حیاط مدرسه

учитель
معلم

писать
نوشتن

бумага
کاغذ

ручка
خودکار

письменный стол
میز تحریر

линейка
خط کش

книга
کتاب

ученик
دانش آموز

ранец

کیف مدرسه

пенал

جامدادی

карандаш

مداد

точилка

تراش

ластик

پاک کن

альбом для рисования

دفتر رسم

рисунок

طراحی

кисточка

قلم مو

коробка красок

جعبه ی آبرنگ

ножницы

قیچی

клей

چسب

тетрадь

کتاب تمرین

домашняя работа

تکلیف خانه

цифра

رقم

прибавлять

جمع کردن

вычитать

تفریق کردن

умножать

ضرب کردن

считать

محاسبه کردن

буква

حرف الفبا

алфавит

الفبا

слово

کلمه

текст

متن

читать

خواندن

мел

گچ

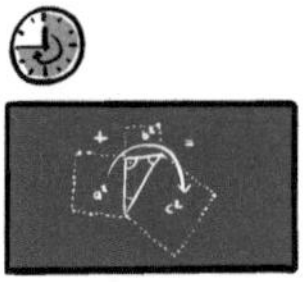

урок

درس

классный журнал

ثبت نام

экзамен

امتحان

диплом

مدرک رسمی

школьная форма

لباس مدرسه

образование

تحصیلات

энциклопедия

دانشنامه

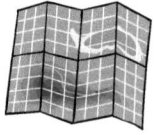

университет

دانشگاه

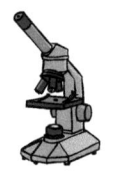

микроскоп

میکروسکوپ

карта

نقشه

корзина для бумаг

سبد کاغذ باطله

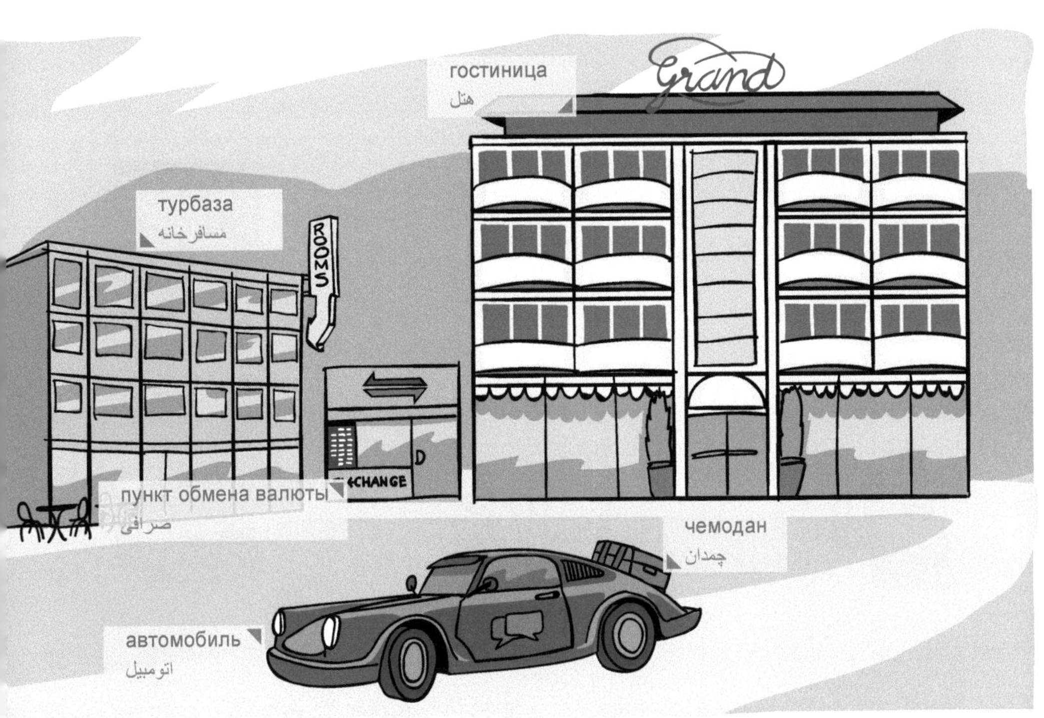

гостиница
هتل
Grand
турбаза
مسافرخانه
ROOMS
CHANGE
пункт обмена валюты
صرافی
чемодан
چمدان
автомобиль
اتومبیل

язык

زبان

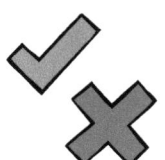

да / нет

بله / خیر

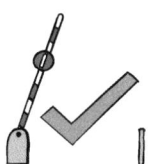

хорошо

اُکی

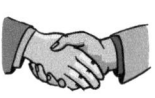

Привет

سلام

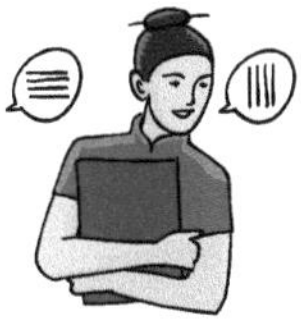

переводчик

مترجم

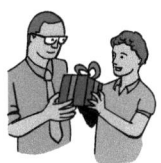

Спасибо

ممنون

Сколько стоит...?

قیمت ... چه قدر است؟

Я не понимаю

من متوجه نمی شوم

проблема

مشکل

Добрый вечер!

عصر بخیر! / شب بخیر!

Доброе утро!

صبح بخیر!

Доброй ночи!

شب بخیر!

До свидания

خدانگهدار

направление

جهت

багаж

بار سفر

сумка

کیف

рюкзак

کوله پشتی

гость

مهمان

комната

اتاق

спальный мешок

کیسهٔ خواب

палатка

خیمه

туристическая
информация

مرکز راهنمای گردشگران

пляж

ساحل

кредитная карточка

کارت اعتباری

завтрак

صبحانه

обед

نهار

ужин

شام

билет

بلیط

лифт

آسانسور

почтовая марка

مهر

граница

مرز

таможня

گمرک

посольство

سفارتخانه

виза

ویزا

паспорт

گذرنامه

транспорт

حمل و نقل

самолёт
هواپیما
корабль
کشتی
пожарный автомобиль
ماشین آتش نشانی
грузовик
کامیون
автобус
اتوبوس
моторная лодка
قایق موتوری
автомобиль
اتومبیل
велосипед
دوچرخه

паром

کشتی مسافربری

лодка

قایق

мотоцикл

موتورسیکلت

полицейский автомобиль

ماشین پلیس

гоночный автомобиль

ماشین مسابقه

арендованный автомобиль

ماشین کرایه ای

совместное пользование автомобилями

به اشتراک گذاری اتوموبیل

буксировочный автомобиль

جرثقیل

мусоровоз

ماشین حمل زباله

двигатель

موتور

топливо

بنزین

заправка

پمپ بنزین

дорожный знак

تابلو راهنمایی و رانندگی

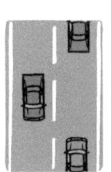

движение

عبور و مرور

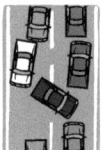

пробка

ترافیک

автостоянка

پارکینگ

вокзал

ایستگاه قطار

рельсы

ریل راه آهن

поезд

قطار

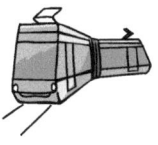

трамвай

قطار برقی

вагон

واگن

вертолёт

هلیکوپتر

аэропорт

فرودگاه

вышка

برج

пассажир

مسافر

контейнер

کانتینر

коробка

کارتن

тележка

گاری

корзина

سبد

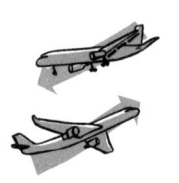

взлетать / приземляться

به پرواز درآمدن / فرود آمدن

город

شهر

деревня

دهکده

центр города

مرکز شهر

дом

خانه

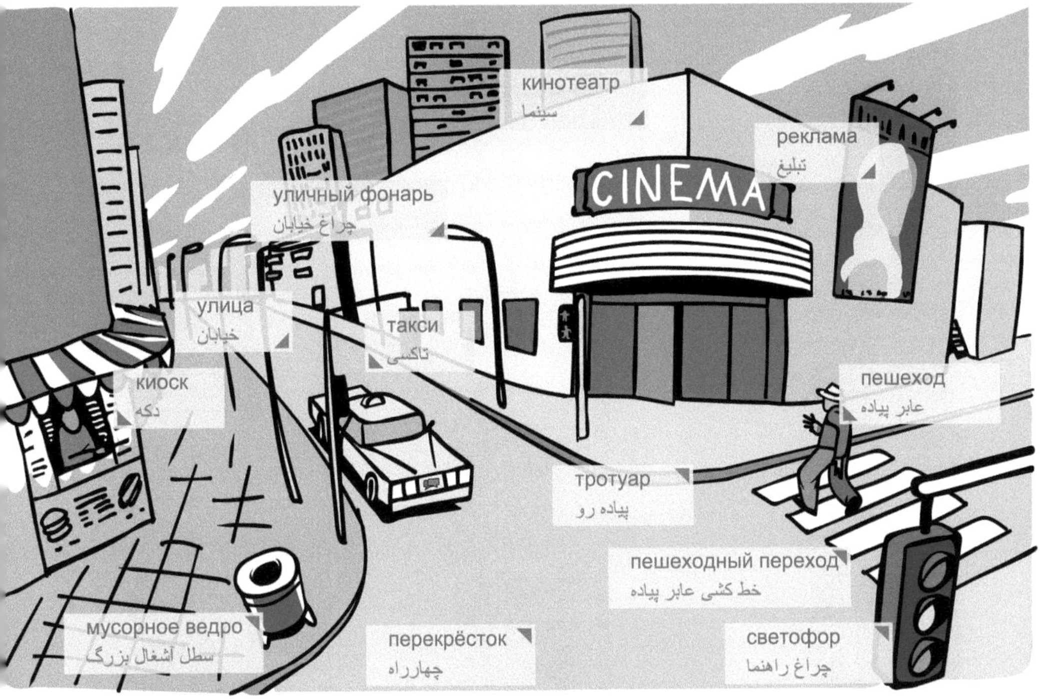

кинотеатр
سینما

реклама
تبلیغ

уличный фонарь
چراغ خیابان

CINEMA

улица
خیابان

такси
تاکسی

пешеход
عابر پیاده

киоск
دکه

тротуар
پیاده رو

пешеходный переход
خط کشی عابر پیاده

мусорное ведро
سطل آشغال بزرگ

перекрёсток
چهارراه

светофор
چراغ راهنما

хижина
....
کلبه

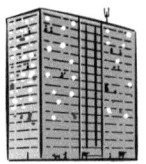

квартира
....
آپارتمان

вокзал
....
ایستگاه قطار

ратуша
....
ساختمان شهرداری

музей
....
موزه

школа
....
مدرسه

университет

دانشگاه

банк

بانک

больница

بیمارستان

гостиница

هتل

аптека

داروخانه

офис

اداره

книжный магазин

کتابفروشی

магазин

مغازه

цветочный магазин

گل فروشی

супермаркет

سوپرمارکت

рынок

بازار

универмаг

فروشگاه بزرگ

торговец рыбой

ماهی فروش

торговый центр

مرکز خرید

порт

بندر

парк

پارک

скамейка

نیمکت

мост

پل

лестница

پله

метро

مترو

тоннель

تونل

автобусная остановка

ایستگاه اتوبوس

бар

میخانه

ресторан

رستوران

почтовый ящик

صندوق پست

табличка с названием улицы

تابلوی خیابان

паркометр

دستگاه پارکومتر

зоопарк

باغ وحش

бассейн

استخر شنای عمومی

мечеть

مسجد

ферма

مزرعه

загрязнение окружающей
среды

آلودگی محیط زیست

кладбище

قبرستان

церковь

کلیسا

детская площадка

زمین بازی

храм

معبد

ландшафт

چشم انداز

лист
برگ

дорожный указатель
تابلوی راهنمای مسیر

дорога
راه

луг
چمنزار

камень
سنگ

дерево
درخت

путешественник
راه نورد

река
رودخانه

трава
چمن

цветок
گل

долина

دره

гора

تپه

озеро

درياچه

лес

جنگل

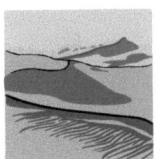

пустыня

بيابان

вулкан

كوه آتشفشان

замок

قلعه

радуга

رنگين كمان

гриб

قارچ

пальма

درخت نخل

комар

پشه

муха

مگس

муравей

مورچه

пчела

زنبور

паук

عنكبوت

жук

سوسک

лягушка

قورباغه

белка

سنجاب

еж

جوجه تیغی

заяц

خرگوش صحرایی

сова

جغد

птица

پرنده

лебедь

قو

кабан

گراز

олень

گوزن نر

лось

گوزن شمالی

плотина

سد آب

ветряной генератор

توربین بادی

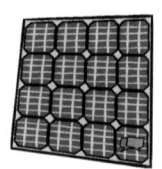

солнечная батарея

صفحه ی خورشیدی

климат

آب و هوا

официант
پیشخدمت رستوران

меню
منوی غذا

стул
صندلی

суп
سوپ

пицца
پیتزا

столовые приборы
سرویس کارد و قاشق و چنگال

скатерть
رومیزی

закуска

پیش غذا

главное блюдо

غذای اصلی

десерт

دسر

напитки

نوشیدنی ها

еда

غذا

бутылка

بطری

фастфуд

فست فود

уличная еда

اغذیه خیابانی

чайник

قوری

сахарница

قندان

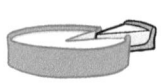

порция

پُرس غذا

кофеварка

دستگاه اسپرسو

детский стульчик

صندلی پایه بلند غذاخوری بچه

счет

صورتحساب

поднос

سینی

нож

چاقو

вилка

چنگال

ложка

قاشق

чайная ложка

قاشق چایخوری

салфетка

دستمال سفره

стакан

لیوان

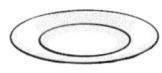

тарелка

بشقاب

суповая тарелка

بشقاب سوپخوری

блюдце

نعلبکی

соус

سس

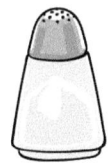

солонка

نمکدان

мельница для перца

فلفل ساب

уксус

سرکه

масло

روغن خوراکی

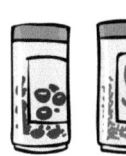

специи

ادویه جات

кетчуп

سس کچاپ

горчица

سس خردل

майонез

سس مایونز

супермаркет

سوپرمارکت

специальное предложение
پیشنهاد ویژه
покупатель
مشتری
молочные продукты
لبنیات
фрукты
میوه جات
тележка для покупок
چرخ دستی خرید

мясной магазин

قصابی

пекарня

نانوایی

взвешивать

وزن کردن

овощи

سبزیجات

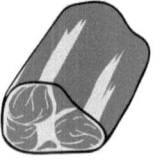

мясо

گوشت

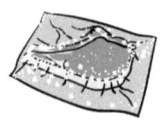

быстрозамороженные продукты

غذای منجمد

нарезка
....
مخلوطی از انواع کالباس یا پنیر که
ورقه ای بریده شده باشند

консервы
....
غذای کنسروی

стиральный порошок
....
پودر لباسشویی

сладости
....
شیرینی جات

предмет домашнего обихода
....
لوازم خانگی

моющее средство
....
ماده شوینده و پاک کننده

продавщица
....
فروشنده

касса
....
صندوق پرداخت

кассир
....
صندوقدار

список покупок
....
لیست خرید

время работы
....
ساعات کار

бумажник
....
کیف پول

кредитная карточка
....
کارت اعتباری

сумка
....
کیف

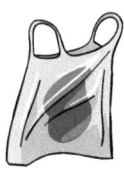

полиэтиленовый пакет
....
کیسه ی پلاستیکی

напитки

نوشیدنی ها

вода

آب

сок

آبمیوه

молоко

شیر

кока-кола

نوشابه کوکاکولا

вино

شراب

пиво

آبجو

алкоголь

الکل

какао

کاکائو

чай

چای

кофе

قهوه

эспрессо

قهوه اسپرسو

капучино

کاپوچینو

банан

موز

яблоко

سیب

апельсин

پرتقال

арбуз

انواع هندوانه و خربزه

лимон

لیمو

морковь

هویج

чеснок

سیر

бамбук

نی بامبو

лук

پیاز

гриб

قارچ

орехи

آجیل

лапша

ماکارونی

спагетти

اسپاگتی

рис

برنج

салат

سالاد

картофель фри

سیب زمینی سرخ کرده

жареный картофель

سیب زمینی سرخ شده

пицца

پیتزا

гамбургер

همبرگر

сэндвич

ساندویچ

шницель

شنیتسل

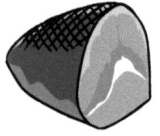

ветчина

ژامبون خوک

салями

سالامی

колбаса

سوسیس

курица

مرغ

жаркое

نوعی گوشت سرخ شده

рыба

ماهی

овсяные хлопья

جوی پرک شده

мюсли

نوعی صبحانه مخلوطی از برگه ذرت و
میوه های خشک شده و خشکبار که
معمولا با شیر خورده می شود

кукурузные хлопья

کورنفلکس

мука

آرد

круассан

کرواسان

булочка

نان بروتشن

хлеб

نان

тост

نان تست

печенье

بیسکویت

масло

کره

творог

کشک

пирог

کیک

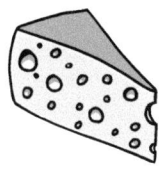

яйцо

تخم مرغ

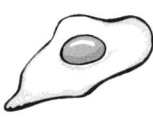

яичница

تخم مرغ نیمرو

сыр

پنیر

мороженое

بستنى

сахар

شكر

мёд

عسل

мармелад

مربا

крем с нугой

كرم شكلاتى بادامى

карри

ادويه كارى

ферма
مزرعه

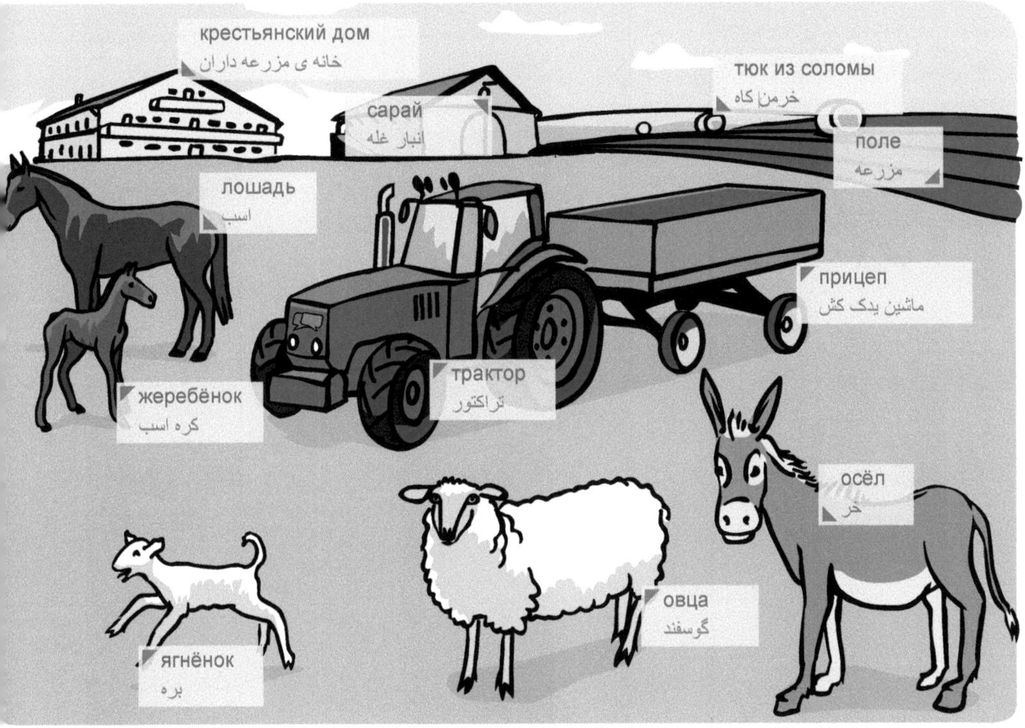
крестьянский дом
خانه ی مزرعه داران
тюк из соломы
خرمن گاه
сарай
انبار غله
поле
مزرعه
лошадь
اسب
прицеп
ماشین یدک کش
трактор
تراکتور
жеребёнок
کره اسب
осёл
خر
овца
گوسفند
ягнёнок
بره

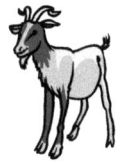

коза

بز

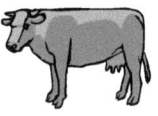

корова

گاو ماده

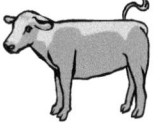

телёнок

گوساله

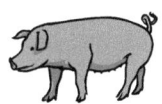

свинья

خوک

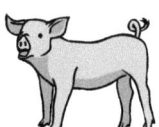

поросёнок

بچه خوک

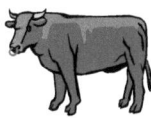

бык

گاو نر

гусь

غاز

утка

اردک

цыплёнок

جوجه

курица

مرغ

петух

خروس

крыса

موش صحرایی

кошка

گربه

мышь

موش

вол

گاو نر اخته

собака

سگ

конура

لانه ی سگ

садовый шланг

شلنگ باغبانی

лейка

آبپاش

коса

داس دسته بلند

плуг

گاوآهن

серп

داس

мотыга

کج بیل

навозные вилы

چنگک باغبانی

топор

تبر

тачка

فرقون

корыто

آبشخور

бидон для молока

بطری نگهداری شیر

мешок

کیسه

забор

حصار

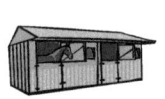

хлев

اصطبل

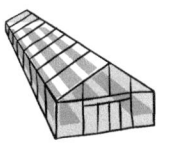

теплица

گلخانه

почва

خاک

посев

بذر

удобрение

کود

комбайн

ماشین کمباین

ферма - مزرعه

29

собирать урожай

برداشت کردن محصول

урожай

محصول

ямс

تميس

пшеница

گندم

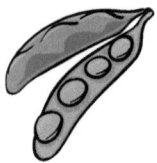

соя

سويا

картофель

سیب زمینی

кукуруза

ذرت

рапс

کلزا

фруктовое дерево

درخت میوه

маниок

گیاه مانیوک

злаки

غلات

ДОМ
خانه

дымоход
دودکش
крыша
پشت بام
водосточный желоб
ناودان
окно
پنجره
гараж
گاراژ
звонок
زنگ در
дверь
در
мусорное ведро
سطل آشغال
почтовый ящик
صندوق مراسلات
сад
باغ

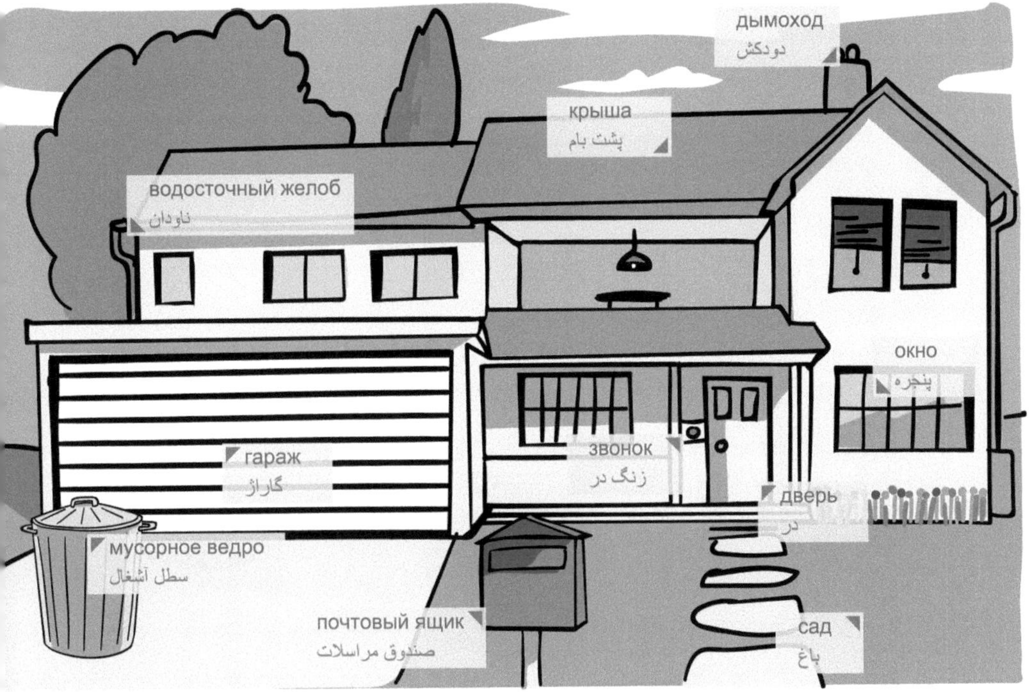

гостиная

اتاق نشیمن

ванная комната

حمام

кухня

آشپزخانه

спальня

اتاق خواب

детская комната

اتاق بچه

столовая

ناهارخوری

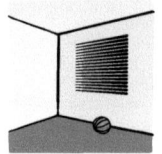

пол

كف زمين

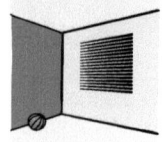

стена

ديوار

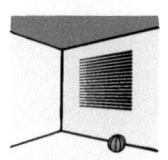

потолок

سقف

подвал

زيرزمين

сауна

سونا

балкон

بالكن

терраса

تراس

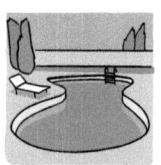

бассейн

استخر

газонокосилка

ماشين چمنزنى

пододеяльник

ملافه

покрывало

روتختى

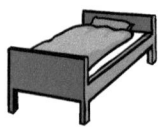

кровать

تخت خواب

метла

جارو

ведро

سطل

выключатель

سويچ يا كليد

гостиная
اتاق نشیمن

обои
کاغذ دیواری
рисунок
عکس
лампа
لامپ
полка
قفسه
шкаф
کابینت
телевизор
تلویزیون
камин
شومینه
цветок
گل
подушка
کوسن
диван
کاناپه
ваза
گلدان
пульт дистанционного управления
کنترل تلویزیون و ویدئو و غیره

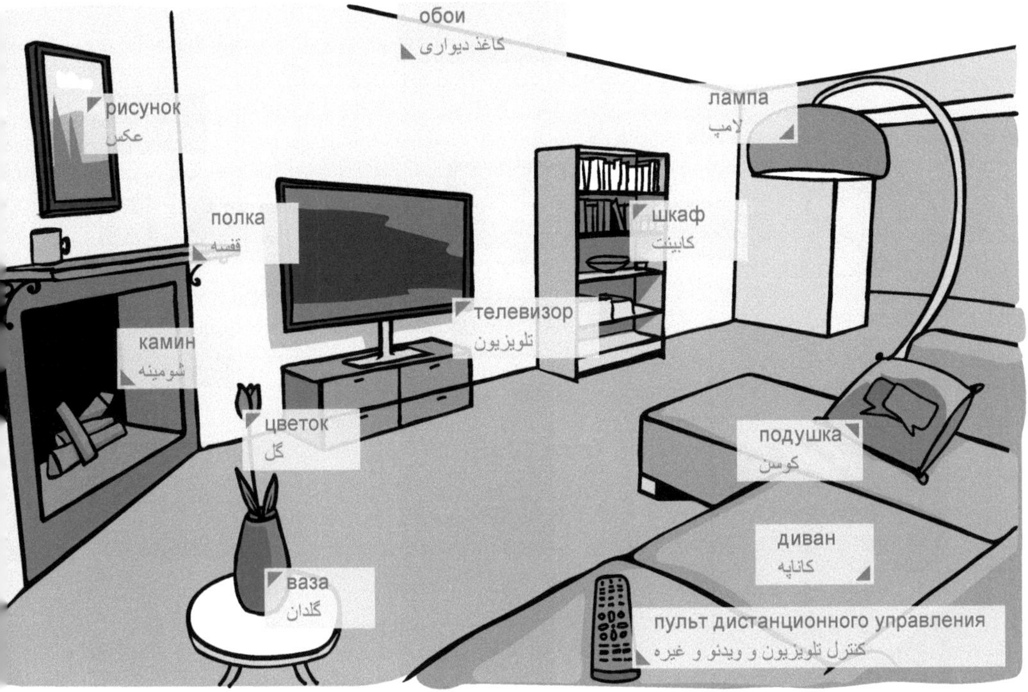

ковёр
فرش

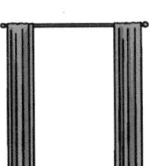

штора
پرده

стол
میز

стул
صندلی

кресло-качалка
صندلی گهواره ایی

кресло
صندلی راحتی

книга

كتاب

покрывало

لحاف

украшение

دكوراسيون

дрова

هيزم

фильм

فيلم

стереосистема

دستگاه ضبط صوت

ключ

كليد

газета

روزنامه

картина

تابلو نقاشى

плакат

پوستر

радио

راديو

блокнот

دفترچه يادداشت

пылесос

جاروبرقى

кактус

كاكتوس

свеча

شمع

кухня
آشپزخانه

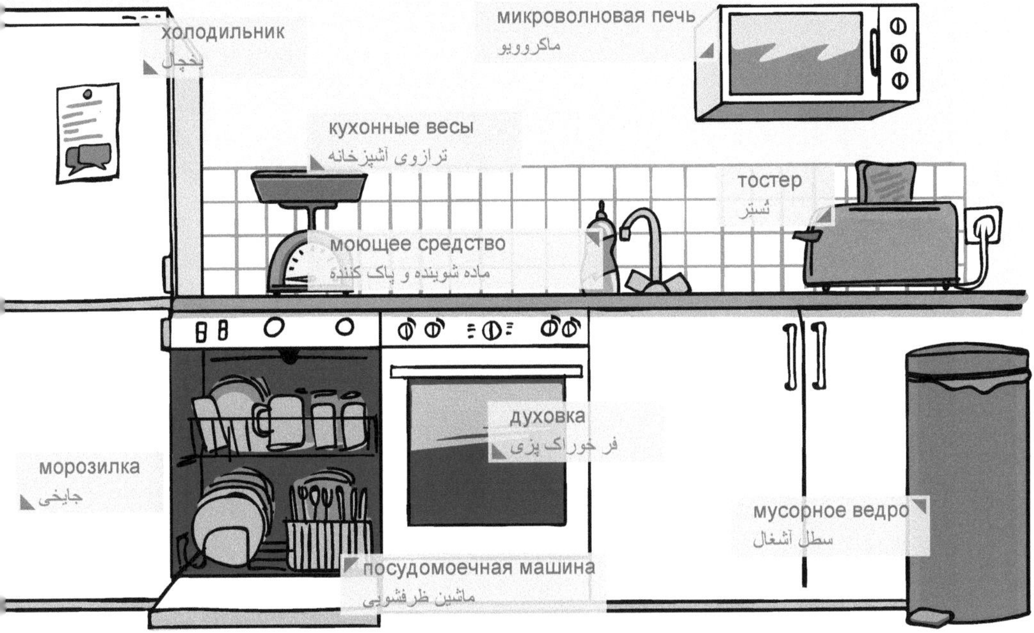

холодильник
یخچال
микроволновая печь
ماکروویو
кухонные весы
ترازوی آشپزخانه
тостер
تُستِر
моющее средство
ماده شوینده و پاک کننده
духовка
فر خوراک پزی
морозилка
جایخی
мусорное ведро
سطل آشغال
посудомоечная машина
ماشین ظرفشویی

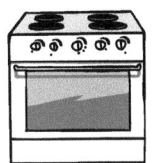

плита

اجاق گاز

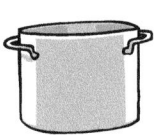

кастрюля

قابلمه

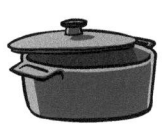

чугунный котелок

قابلمه چدنی

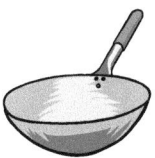

вок / кадай

ماهی تابه گود

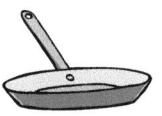

сковорода

ماهی تابه

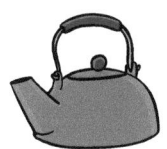

чайник

کتری

пароварка

....

بخارپز

противень

....

سینی فر

посуда

....

ظرف چینی آشپزخانه

кружка

....

لیوان

миска

....

کاسه

палочки для еды

....

چاپستیک

половник

....

ملاقه

лопатка

....

کفگیر

сбивалка

....

همزن

сито

....

آبکش

сито

....

آبکش

тёрка

....

رنده

ступка

....

هاون

гриль

....

باربیکیو

костёр

....

محل مخصوص افروختن آتش

кухня - آشپزخانه

доска

تخته گوشت و سبزی

скалка

وردنه

штопор

در بطری بازکن

жестяная банка

قوطی

консервный нож

در قوطی بازکن

прихватка

دستگیره پارچه ای

раковина

سینک ظرفشویی

щетка

برس گردگیری

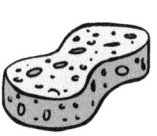

губка

اسفنج

миксер

مخلوط کن

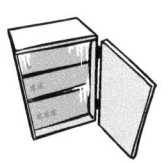

морозильная камера

فریزر

бутылочка для кормления

شیشه شیر بچه

кран

شیر آب

ванная комната

حمام

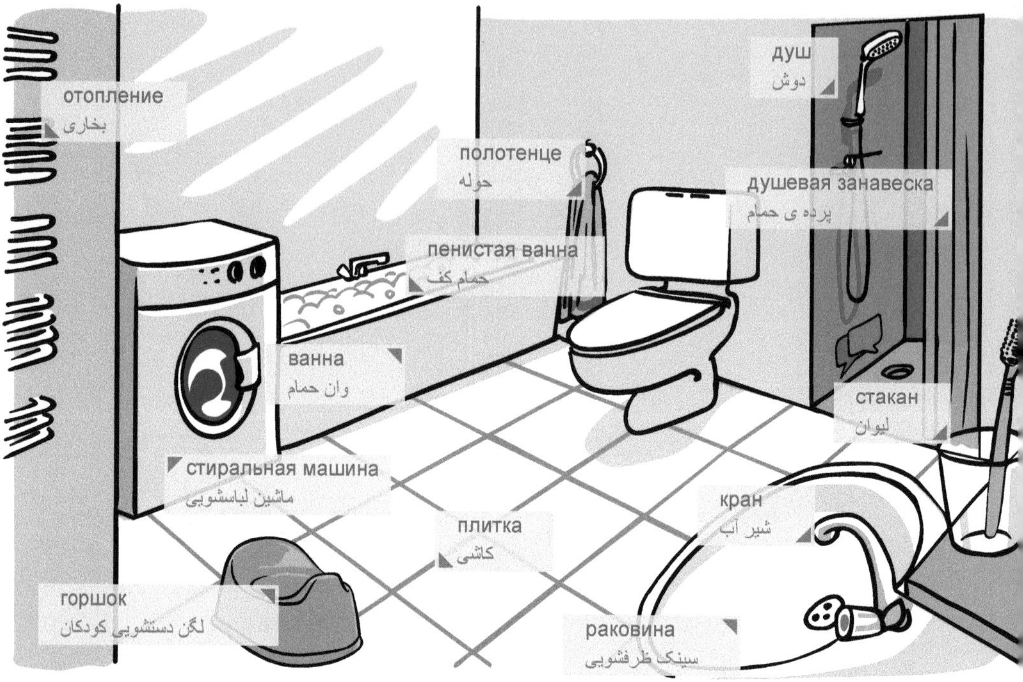

отопление
بخاری
полотенце
حوله
душ
دوش
душевая занавеска
پرده ی حمام
пенистая ванна
حمام کف
ванна
وان حمام
стакан
لیوان
стиральная машина
ماشین لباسشویی
кран
شیر آب
плитка
کاشی
горшок
لگن دستشویی کودکان
раковина
سینک ظرفشویی

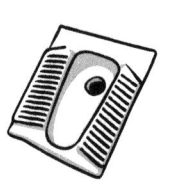

туалет

توالت

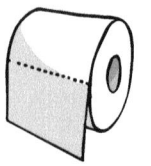

напольный унитаз

توالت ایرانی

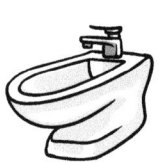

биде

کاسه توالت

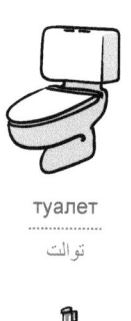

писсуар

توالت مخصوص آقایان

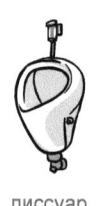

туалетная бумага

دستمال توالت

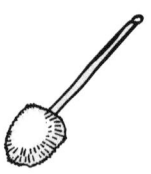

ершик

فرچه توالت

зубная щетка

مسواک

зубная паста

خمیردندان

зубная нить

نخ دندان

мыть

شستن

ручной душ

دوش آب تلفنی

интимный душ

شلنگ توالت

таз

لگن روشویی

щетка для спины

برس شست و شوی پشت

мыло

صابون

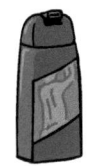

гель для душа

شامپو بدن

шампунь

شامپو

мочалка

لیف حمام

сток

راه آب

крем

کرم

дезодорант

اسپری دئودورانت

зеркало

آیینه

ручное зеркало

آیینه ی کوچک دستی

бритва

تیغ ریش تراشی

пена для бритья

کف ریش تراشی

лосьон после бритья

أفترشیو

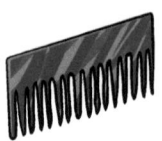

расческа

شانه ی سر

щетка

برس

фен

سشوار

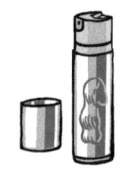

лак для волос

اسپری مو

косметика

آرایش

губная помада

رژلب

лак для ногтей

لاک ناخن

вата

پنبه

маникюрные ножницы

قیچی ناخن

духи

عطر

косметичка

کیف لوازم آرایشی و بهداشتی

табуретка

چهارپایه

весы

ترازو

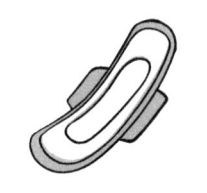

халат

حوله ی پالتویی

резиновые перчатки

دستکش ظرفشویی

тампон

تامپون

гигиеническая прокладка

نوار بهداشتی

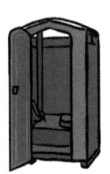

биотуалет

توالت سیار

детская комната
اتاق بچه

будильник
ساعت زنگدار
мягкая игрушка
نوعی عروسک نرم به شکل حیوانات
игрушечный автомобиль
ماشین اسباب بازی
погремушка
جغجغه
кукольный домик
خانه ی عروسکی
подарок
کادو

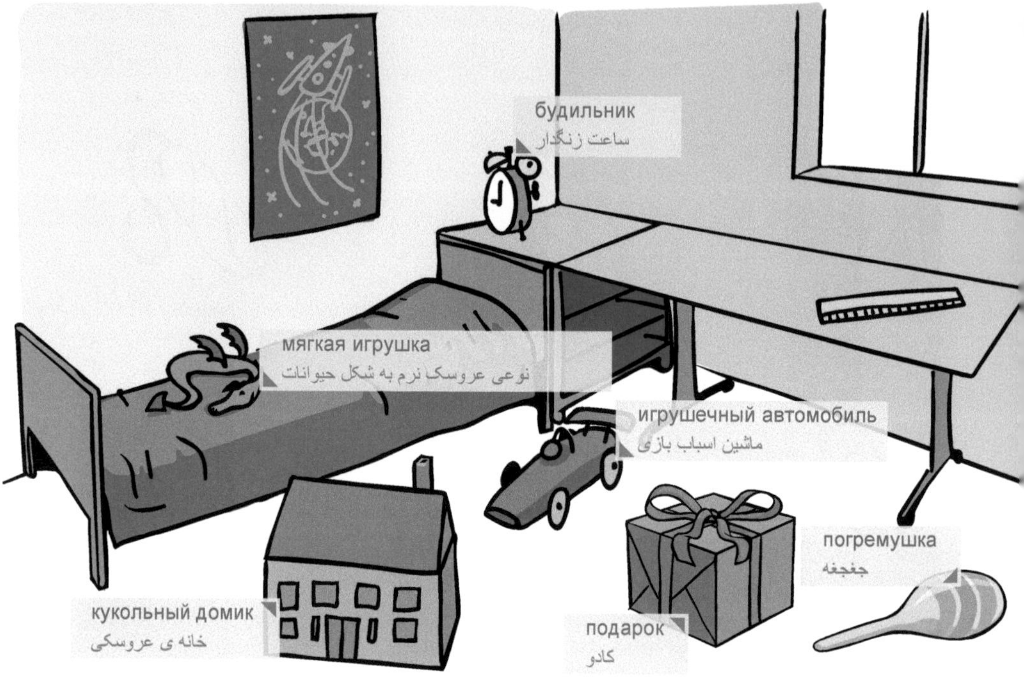

воздушный шар
بادکنک

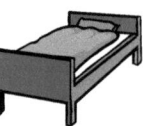

кровать
تخت خواب

детская коляска
کالسکه بچه

карточная игра
بازی ورق

пазл
پازل

комикс
داستان مصور

кирпичики Лего

اسباب بازی لگو

кубики

خانه سازی

игрушечная фигурка

عروسک شخصیت های فیلم و کارتون

ползунки

لباس نوزاد

фрисби

فریزبی

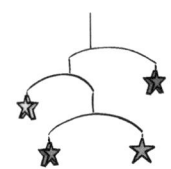

мобиле

نوعی اسباب بازی که روی تخت نوزاد
یا کودک نصب می شود

настольная игра

بازی روی صفحه

кубик

تاس

модель железной дороги

قطار اسباب بازی

соска

پستانک

вечеринка

مهمانی

книга с картинками

کتاب مصور

мяч

توپ

кукла

عروسک

играть

بازی کردن

песочница

جعبه شنی مخصوص بازی کودکان

качели

تاب

игрушка

اسباب بازی

игровая приставка

کنسول بازی های کامپیوتری

трёхколесный велосипед

سه چرخه

плюшевый медвежонок

خرس عروسکی

шкаф для одежды

کمد لباس

одежда

لباس

носки

جوراب

чулки

جوراب زنانه ساق بلند

колготки

جوراب شلواری

шарф
شال

зонтик
چتر

футболка
تی شرت

ремень
کمربند

кроссовки
کفش ورزشی کتانی

сапоги
پوتین

тапки
دمپایی

сандалии
صندل

ботинки
کفش

резиновые сапоги
چکمه پلاستیکی

трусы
شرت

бюстгальтер
سوتین

майка
جلیقه

боди

بادی

брюки

شلوار

джинсы

جين

юбка

دامن

блузка

بلوز

рубашка

پیراهن

свитер

پولیور

свитер

سویی شرت

спортивная куртка

نوعی کت

жакет

ژاکت

пальто

کت بلند

плащ

بارانی

костюм

لباس نمایش

платье

لباس

свадебное платье

لباس عروس

мужской костюм

کت و شلوار

ночная сорочка

لباس خواب زنانه

пижама

پیژامه

сари

ساری

платок

روسری

тюрбан

عمامه

паранджа

برقع

кафтан

قبا

абайя

عبا

купальник

لباس شنا

плавки

شرت شنا

шорты

شلوارک

спортивный костюм

لباس ورزشی

фартук

پیشبند

перчатки

دستکش

пуговица

دکمه

очки

عینک

браслет

دستبند

цепочка

گردنبند

кольцо

انگشتر

серьга

گوشواره

шапка

کلاه لبه دار

вешалка

چوب لباسی

шляпа

کلاه

галстук

کراوات

застежка молния

زیپ

шлем

کلاه ایمنی

подтяжки

بند شلوار

школьная форма

لباس مدرسه

форма

لباس فرم

детский нагрудник

پیش بند بچه

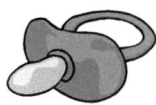

соска

پستانک

подгузник

پوشک بچه

офис

اداره

кофейная кружка

لیوان قهوه

калькулятор

ماشین حساب

интернет

اینترنت

сервер
سرور

канцелярский шкаф
کمد نگهداری پرونده

принтер
چاپگر

бумага
کاغذ

монитор
مانیتور

письменный стол
میز تحریر

мышь
ماوس

папка
زونکن

клавиатура
صفحه کلید

корзина для бумаг
سبد کاغذ باطله

компьютер
کامپیوتر

стул
صندلی

ноутбук

لپ تاپ

письмо

نامه

сообщение

پیغام

мобильный телефон

تلفن همراه

сеть

شبکه ی ارتباطی

ксерокс

دستگاه فتوکپی

программа

نرم افزار

телефон

تلفن

розетка

پریز

факс

دستگاه فاکس

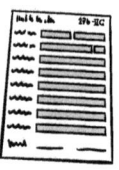

формуляр

فرم

документ

مدرک

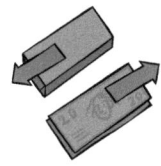

покупать

خريدن

платить

پرداخت کردن

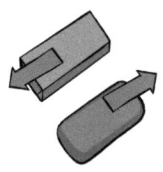

торговать

تجارت کردن

деньги

پول

доллар

دلار

евро

يورو

иена

ين

рубль

روبل

франк

فرانک سوئیس

жэньминьби юань

يوان رنمينبی

рупия

روپيه

банкомат

دستگاه خودپرداز

пункт обмена валюты

صرافی

золото

طلا

серебро

نقره

нефть

نفت

энергия

انرژی

цена

قیمت

договор

قرارداد

налог

مالیات

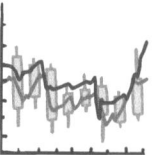

акция

سهام سرمایه

работать

کار کردن

служащий

کارمند

работодатель

کارفرما

фабрика

کارخانه

магазин

مغازه

профессии

مشاغل

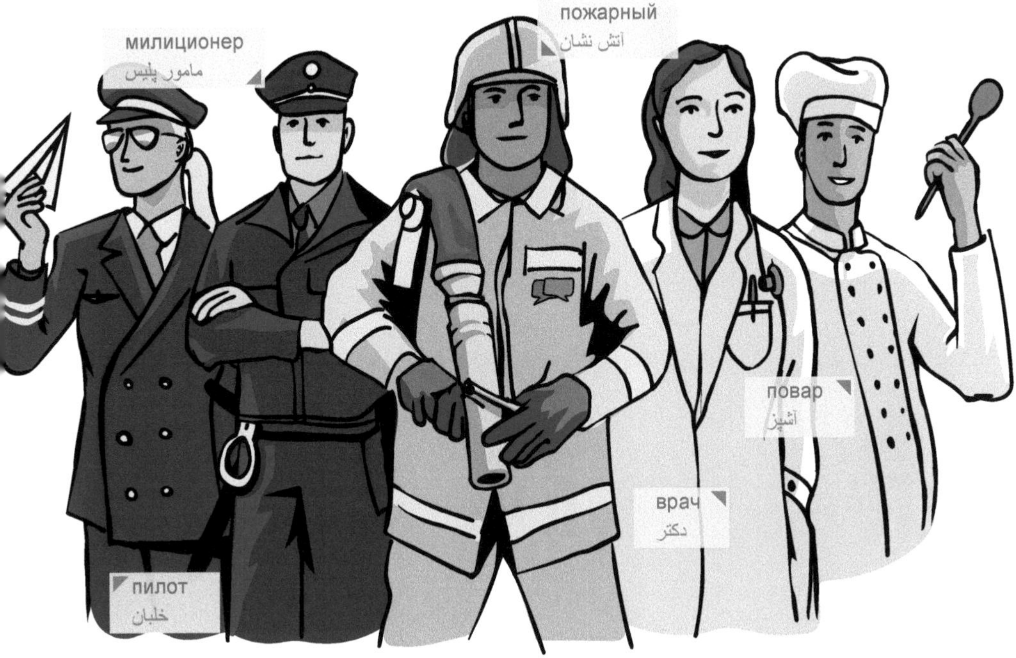

милиционер
مامور پلیس
пожарный
آتش نشان
повар
آشپز
врач
دکتر
пилот
خلبان

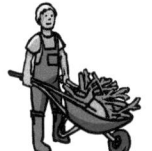

садовник
باغبان

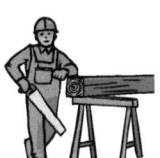

столяр
نجار

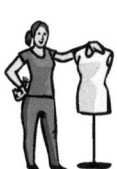

швея
خیاط زنانه

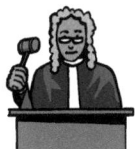

судья
قاضی

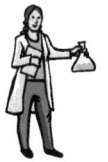

химик
شیمیدان

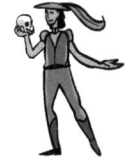

актёр
بازیگر

водитель автобуса

راننده اتوبوس

таксист

راننده تاکسی

рыбак

ماهیگیر

уборщица

نظافتچی زن

кровельщик

سقف ساز

официант

پیشخدمت رستوران

охотник

شکارچی

художник

نقاش

пекарь

نانوا

электрик

برقکار

строитель

کارگر ساختمانی

инженер

مهندس

мясник

قصاب

сантехник

لوله کش

почтальон

پستچی

солдат

سرباز

архитектор

معمار

кассир

صندوقدار

флорист

گل فروش

парикмахер

آرایشگر

кондуктор

مامور کنترل بلیط در قطار

механик

مکانیک

капитан

ناخدا

зубной врач

دندانپزشک

ученый

دانشمند

раввин

عالم یهودی

имам

امام

монах

راهب

священник

کشیش

инструменты

ابزارآلات

плоскогубцы
انبردست
молоток
چکش
отвёртка
پیچ گوشتی
карманный фон
چراغ قوه
гаечный ключ
آچار

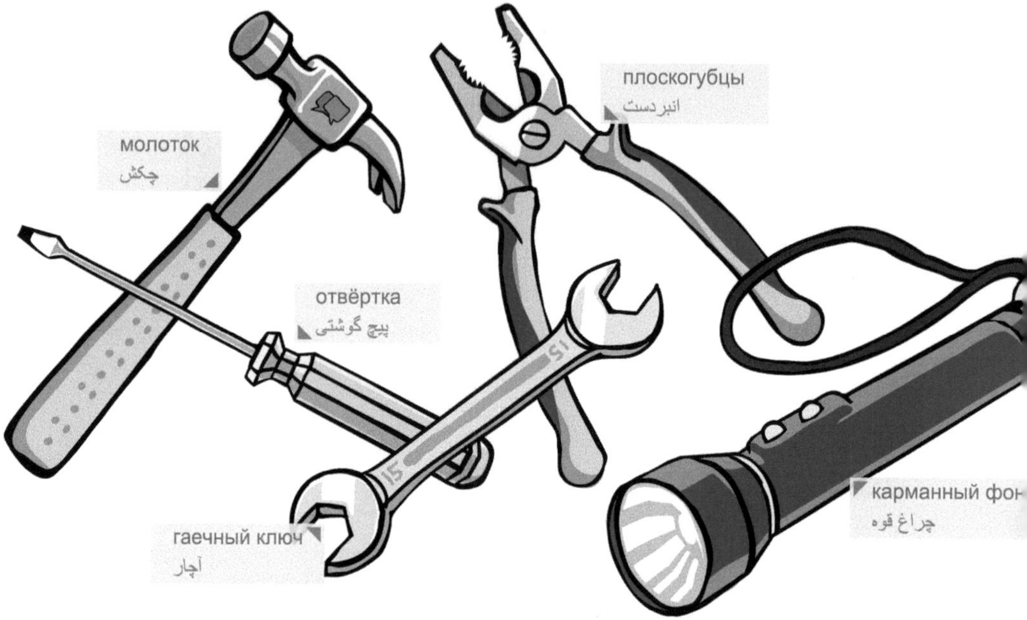

экскаватор

بیل مکانیکی

ящик для инструментов

جعبه ابزار

стремянка

نردبان

пила

ارّه

гвозди

میخ

дрель

مته

ремонтировать

تعمیر کردن

лопата

بیل

Блин!

لعنتی!

совок

خاک انداز

ведро с краской

سطل رنگرزی

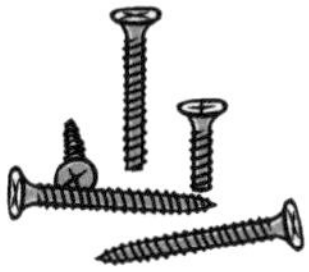

винты

پیچ

музыкальные инструменты

آلات موسیقی

ударный инструмент

درامز

громкоговоритель

بلندگو

гитара

گیتار

контрабас

کنترباس

труба

ترومپت

пианино

پیانو

скрипка

ویولن

бас-гитара

گیتار بیس

литавры

تیمپانی

барабан

طبل

синтезатор

کیبورد الکتریک

саксофон

ساکسیفون

флейта

فلوت

микрофон

میکروفون

зоопарк

باغ وحش

тигр
вход
ورودی
клетка
قفس
зебра
گورخر
корм
خوراک حیوانات
панда
خرس پاندا

животные

حیوانات

слон

فیل

кенгуру

کانگورو

носорог

کرگدن

горилла

گوریل

медведь

خرس

верблюд

شتر

страус

شترمرغ

лев

شیر

обезьяна

میمون

фламинго

فلامینگو

попугай

طوطی

белый медведь

خرس قطبی

пингвин

پنگوئن

акула

کوسه

павлин

طاووس

змея

مار

крокодил

تمساح

служитель зоопарка

نگهبان باغ وحش

тюлень

خوک آبی

ягуар

پلنگ امریکایی

пони

اسب کوچک

леопард

پلنگ

бегемот

اسب آبی

жираф

زرافه

орёл

عقاب

кабан

گراز

рыба

ماهی

черепаха

لاک پشت

морж

شیرماهی

лиса

روباه

газель

غزال

спорт
ورزش ها

американский футбол
فوتبال آمریکایی
езда на велосипеде
دوچرخه سواری
теннис
تنیس
баскетбол
بسکتبال
плавание
شنا
хоккей
هاکی روی یخ
бокс
بوکس

футбол

فوتبال

бадминтон

بدمینتون

лёгкая атлетика

دوومیدانی

гандбол

هندبال

лыжный спорт

اسکی

поло

پولو

действия

فعالیت ها

смеяться
خندیدن
прыгать
پریدن
обнимать
بغل کردن
идти
راه رفتن
петь
آواز خواندن
мечтать
رؤیا دیدن
молиться
دعا کردن
целовать
بوسیدن

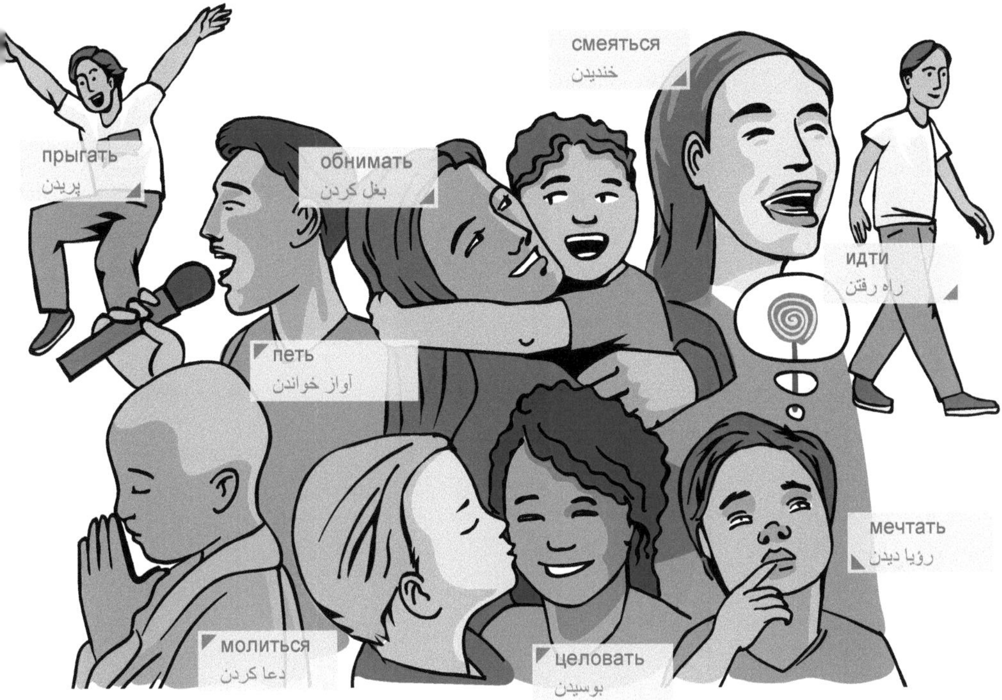

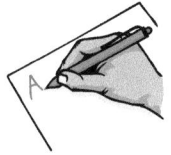

писать

نوشتن

рисовать

رسم کردن

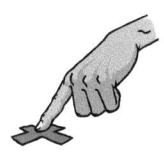

показывать

نشان دادن

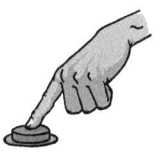

нажимать

هل دادن

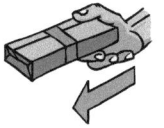

давать

دادن

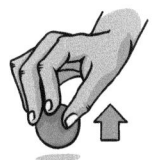

брать

برداشتن

иметь

داشتن

делать

انجام دادن

быть

بودن

стоять

ایستادن

бежать

دویدن

тянуть

کشیدن

бросать

پرتاب کردن

падать

افتادن

лежать

دراز کشیدن

ждать

منتظر بودن

носить

حمل کردن

сидеть

نشستن

надевать

لباس پوشیدن

спать

خوابیدن

просыпаться

بیدار شدن

рассматривать

تماشا کردن

плакать

گریه کردن

гладить

نوازش کردن

причесывать

شانه کردن

говорить

حرف زدن

понимать

فهمیدن

спрашивать

پرسیدن

слушать

شنیدن

пить

آشامیدن

кушать

خوردن

наводить порядок

مرتب کردن

любить

عاشق بودن

готовить

پختن

ехать

رانندگی کردن

летать

پرواز کردن

ходить под парусом

قایقرانی کردن

считать

محاسبه کردن

читать

خواندن

учиться

یاد گرفتن

работать

کار کردن

вступать в брак

ازدواج کردن

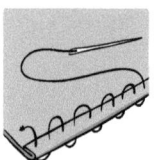

шить

دوختن

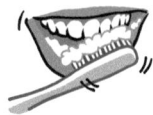

чистить зубы

مسواک زدن

убивать

کشتن

курить

سیگار کشیدن

отправлять

فرستادن

семья

خانواده

бабушка
مادربزرگ
дедушка
پدربزرگ
папа
پدر
мама
مادر
младенец
کودک
дочь
فرزند دختر
сын
فرزند پسر

гость

مهمان

тетя

خاله، عمه

дядя

دایی، عمو

брат

برادر

сестра

خواهر

тело

بدن

лоб
پیشانی
глаз
چشم
плечо
شانه
палец
انگشت دست
лицо
صورت
подбородок
چانه
кисть
دست
нога
ساق پا
грудь
سینه
рука
بازو

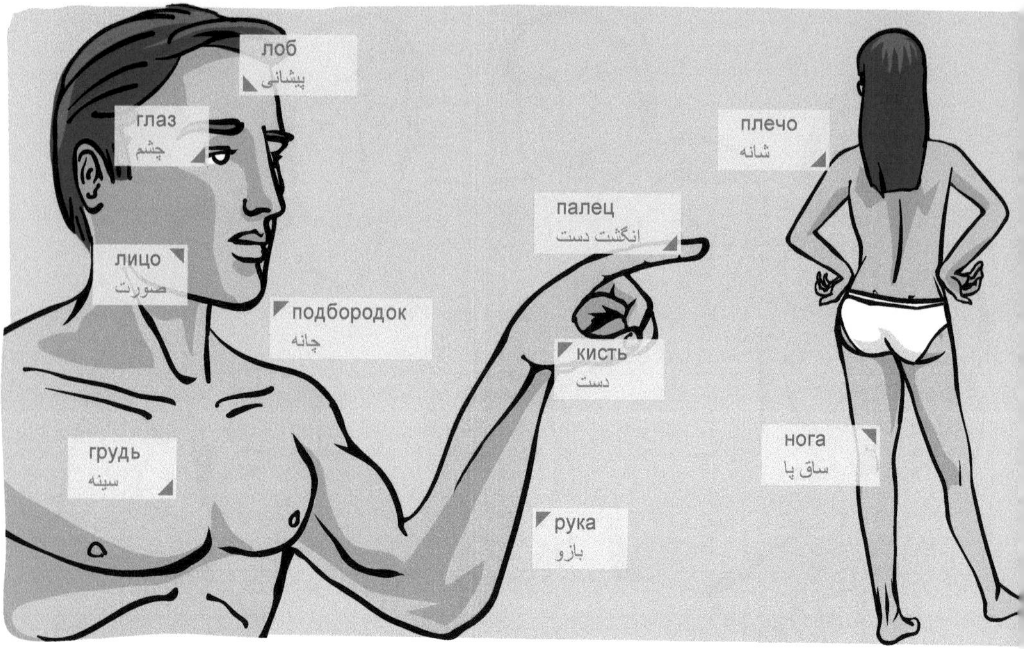

младенец

کودک

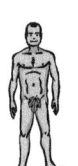

мужчина

مرد

женщина

زن

девочка

دختربچه

мальчик

پسربچه

голова

کله

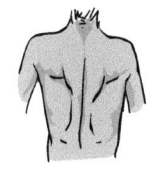

спина

کمر

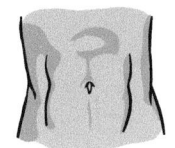

живот

شکم

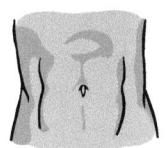

пупок

ناف

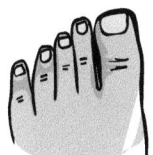

палец ноги

انگشت پا

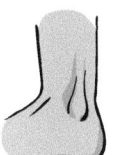

пятка

پاشنه

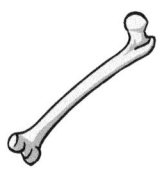

кость

استخوان

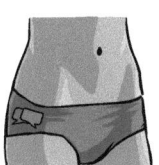

бедро

لگن

колено

زانو

локоть

آرنج

нос

بینی

ягодицы

نشیمنگاه

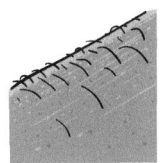

кожа

پوست

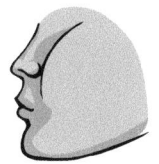

щека

گونه

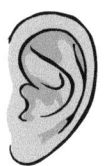

ухо

گوش

губа

لب

рот

دهان

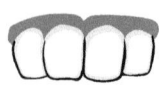

зуб

دندان

язык

زبان

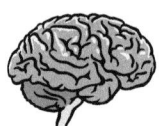

мозг

مغز

сердце

قلب

мышца

عضله

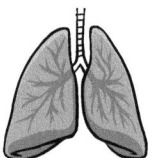

лёгкое

ریه

печень

کبد

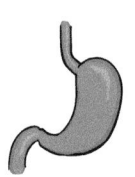

желудок

معده

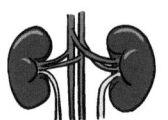

почки

کلیه

половой акт

آمیزش جنسی

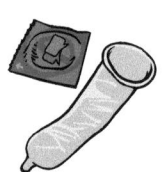

презерватив

کاندوم

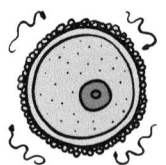

яйцеклетка

تخمک

сперма

اسپرم

беременность

حاملگی

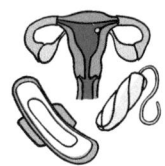

менструация

پریود

вагина

واژن

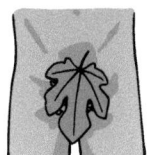

пенис

آلت تناسلی مرد

бровь

ابرو

волосы

مو

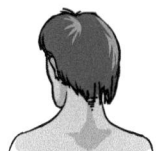

шея

گردن

тело - بدن 71

больница

بیمارستان

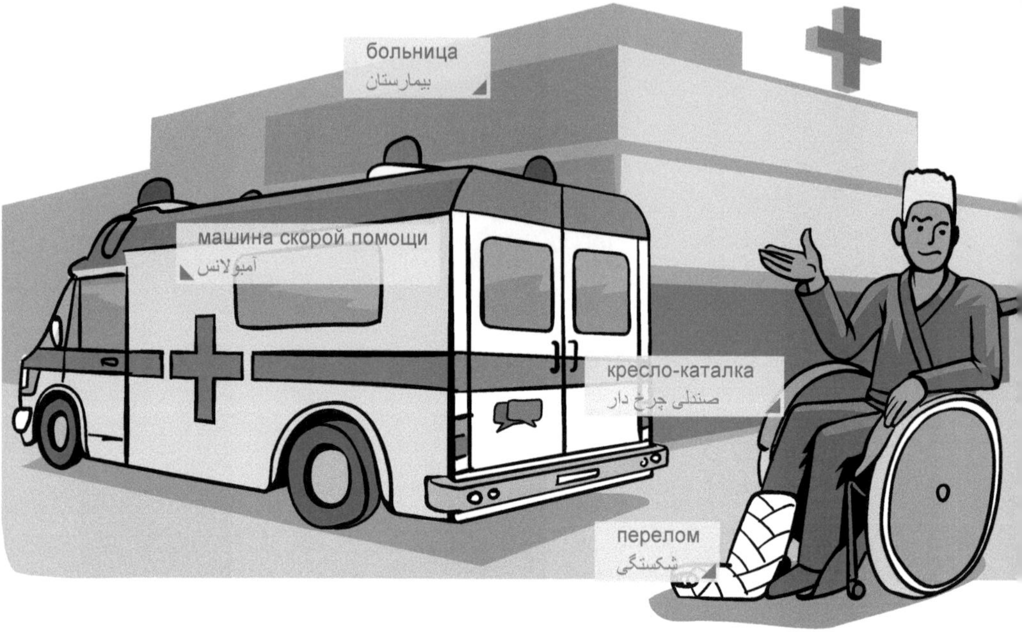

больница
بیمارستان
машина скорой помощи
آمبولانس
кресло-каталка
صندلی چرخ دار
перелом
شکستگی

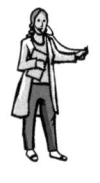

врач

دکتر

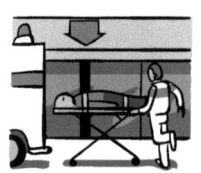

пункт первой помощи

بخش اورژانس

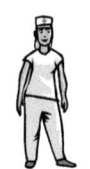

медсестра

پرستار

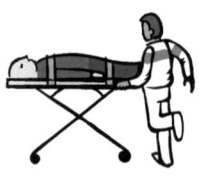

неотложный случай

موقعیت اضطراری

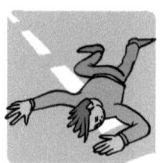

без сознания

بی هوش

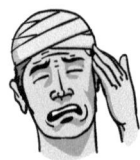

боль

درد

повреждение

مصدومیت

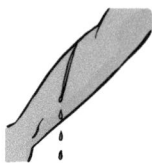

кровотечение

خونریزی

инфаркт

سکته قلبی

инсульт

سکته مغزی

аллергия

آلرژی

кашель

سرفه

повышенная температура

تب

грипп

آنفولانزا

понос

اسهال

головная боль

سردرد

рак

سرطان

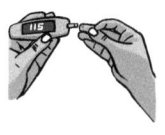

диабет

دیابت

хирург

جراح

скальпель

چاقوی جراحی

операция

عمل جراحی

КТ

سی تی اسکن

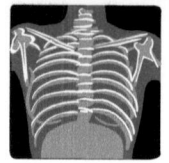

рентген

پرتونگاری

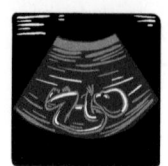

ультразвук

سونوگرافی

маска

ماسک صورت

болезнь

بیماری

приёмная

اتاق انتظار

костыль

چوب زیر بغل

пластырь

چسب زخم

бинт

پانسمان

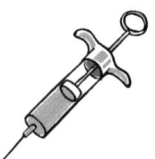

укол

تزریق

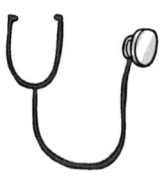

стетоскоп

گوشی طبی

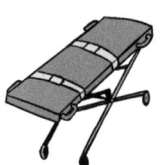

носилки

برانکار

термометр

دماسنج

рождение

زایش

избыточный вес

اضافه وزن

слуховой аппарат

سمعک

дезинфекционное средство

ماده ضد عفونی کننده

инфекция

عفونت

вирус

ویروس

ВИЧ / СПИД

اچ آی وی / ایدز

лекарство

دارو

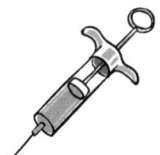

прививка

واکسیناسیون

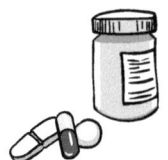

таблетки

قرص

противозачаточная таблетка

قرص ضد حاملگی

экстренный вызов

تماس اظطراری

прибор для измерения кровяного давления

دستگاه اندازه گیری فشارخون

больной / здоровый

مریض / سالم

неотложный случай

موقعیت اضطراری

Помогите!

کمک!

сигнал тревоги

آژیر خطر

нападение

حمله

атака

حمله ی فیزیکی

опасность

خطر

запасной выход

خروج اظطراری

Пожар!

آتش

огнетушитель

کپسول آتش‌نشانی

несчастный случай

تصادف

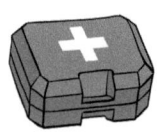

аптечка

جعبه کمک های اولیه

SOS

درخواست کمک

милиция

پلیس

земля

کره زمین

Европа

اروپا

Северная Америка

آمریکای شمالی

Южная Америка

آمریکای جنوبی

Африка

آفریقا

Азия

آسیا

Австралия

استرالیا

Атлантический океан

اقیا نوس اطلس

Тихий океан

اقیانوس آرام

Индийский океан

اقیانوس هند

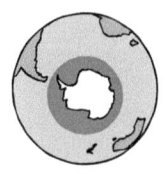

Антарктический океан

اقیا نوس اطلس جنوبی

Северный Ледовитый океан

اقیانوس منجمد شمالی

Северный полюс

قطب شمال

Южный полюс

قطب جنوب

Антарктика

قاره قطب جنوب

земля

كره زمين

суша

سرزمین

море

دريا

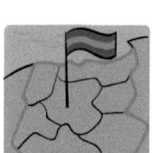

остров

جزيره

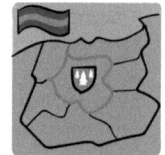

нация

ملت

государство

كشور

часы
ساعت

циферблат

صفحه ی ساعت

часовая стрелка

ساعت شمار

минутная стрелка

دقیقه شمار

секундная стрелка

ثانیه شمار

Который час?

ساعت چند است؟

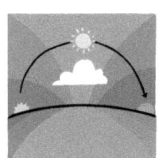

день

روز

время

زمان

сейчас

اکنون

электронные часы

ساعت دیجیتال

минута

دقیقه

час

ساعت

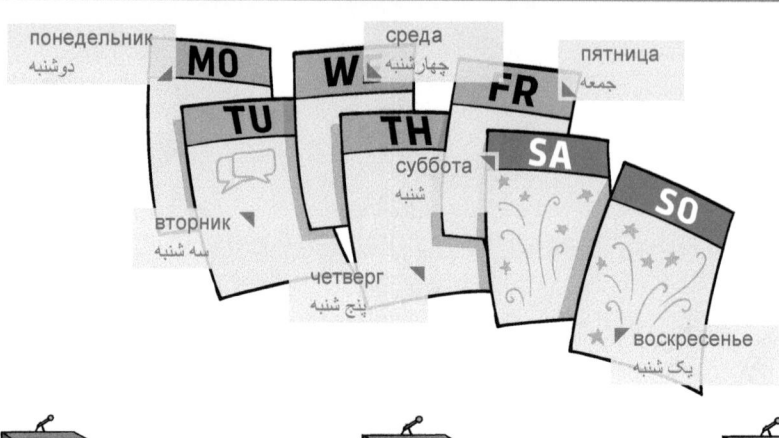

неделя

هفته

понедельник
دوشنبه
среда
چهارشنبه
пятница
جمعه
суббота
شنبه
вторник
سه شنبه
четверг
پنج شنبه
воскресенье
یک شنبه

вчера

دیروز

сегодня

امروز

завтра

فردا

утро

صبح

полдень

ظهر

вечер

غروب

рабочие дни

روزهای کاری

выходные

آخر هفته

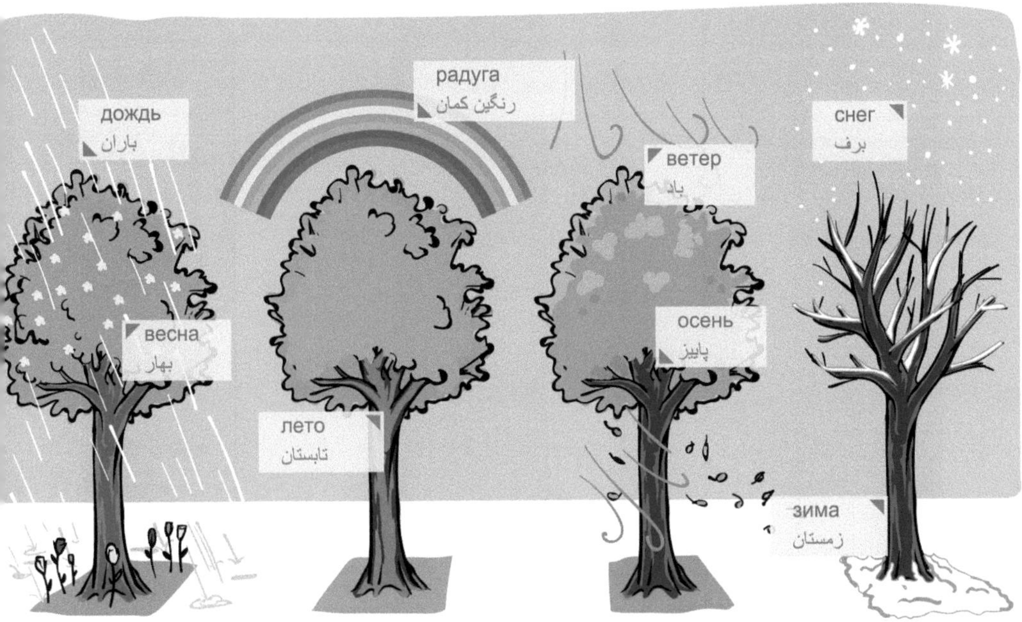

дождь
باران
радуга
رنگین کمان
ветер
باد
снег
برف
весна
بهار
лето
تابستان
осень
پاییز
зима
زمستان

прогноз погоды
....
پیش‌بینی اوضاع جوی

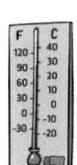

термометр
....
دماسنج

солнечный свет
....
تابش آفتاب

туча
....
ابر

туман
....
مه

влажность воздуха
....
رطوبت هوا

молния

صاعقه

гром

آسمان غره

буря

طوفان

град

تگرگ

муссон

باد موسمی

наводнение

سیل

лёд

یخ

январь

ژانویه

февраль

فوریه

март

مارس

апрель

آوریل

май

مه

июнь

ژوئن

июль

ژوئیه

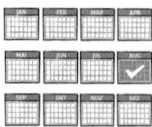

август

آگوست

год - سال

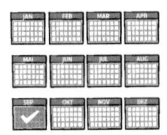

сентябрь

سپتامبر

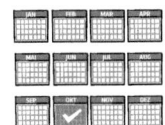

октябрь

اکتبر

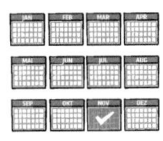

ноябрь

نوامبر

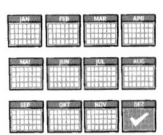

декабрь

دسامبر

формы

آشکال

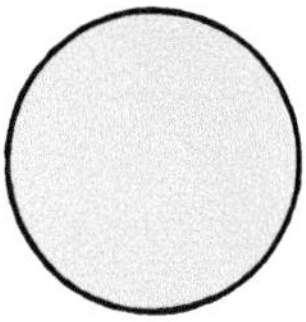

круг

دایره

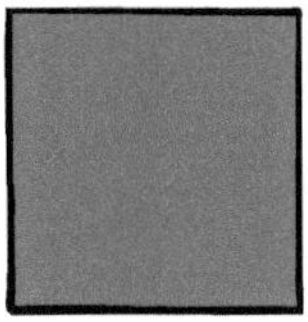

квадрат

مربع

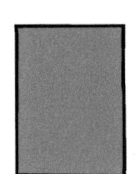

прямоугольник

مستطیل

треугольник

سه گوش

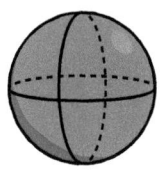

шар

گره

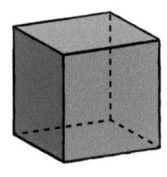

куб

مکعب مربع

цвета

رنگ ها

белый

سفید

желтый

زرد

оранжевый

نارنجی

розовый

صورتی

красный

قرمز

лиловый

بنفش

синий

آبی

зелёный

سبز

коричневый

قهوه ای

серый

خاکستری

черный

سیاه

много / мало

خیلی / کم

яростный / мирный

خشمگین / آرام

красивый / уродливый

زیبا / زشت

начало / конец

شروع / پایان

большой / маленький

بزرگ / کوچک

светлый / темный

روشن / تیره

брат / сестра

برادر / خواهر

чистый / грязный

تمیز / آلوده

полный / неполный

کامل / ناقص

день / ночь

روز / شب

мёртвый / живой

مرده / زنده

широкий / узкий

پهن / باریک

съедобный / несъедобный

قابل خوردن / غیر قابل خوردن

злой / дружелюбный

غضبناک / مهربان

взволнованный / скучающий

هیجان زده / بی حوصله

толстый / худой

چاق / لاغر

сначала / в конце

اولین / آخرین

друг / враг

دوست / دشمن

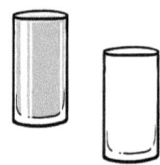

полный / пустой

پر / خالی

твёрдый / мягкий

سفت / نرم

тяжёлый / легкий

سنگین / سبک

голод / жажда

گرسنگی / تشنگی

больной / здоровый

مریض / سالم

незаконный / законный

غیرقانونی / قانونى

умный / глупый

باهوش / خنگ

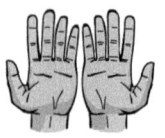

слева / справа

چپ / راست

близко / далеко

نزدیک / دور

новый / подержанный
....
نو / استفاده شده

ничто / нечто
....
هیچ چیز / چیزی

старый / молодой
....
پیر / جوان

включено / выключено
....
روشن / خاموش

открыто / закрыто
....
باز / بسته

тихо / громко
....
آهسته / بلند

богатый / бедный
....
ثروتمند / فقیر

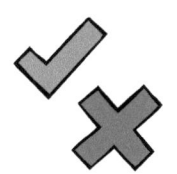

правильный / неправильный
....
درست / غلط

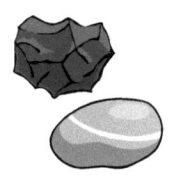

шероховатый / гладкий
....
زبر / صاف

печальный / счастливый
....
غمگین / خوشحال

короткий / длинный
....
کوتاه / بلند

медленный / быстрый
....
کند / تند

мокрый / сухой
....
تر / خشک

тёплый / прохладный
....
گرم / خنک

война / мир
....
جنگ / صلح

цифры

اعداد

0

ноль

صفر

1

один

یک

2

два

دو

3

три

سه

4

четыре

چهار

5

пять

پنج

6

шесть

شش

7

семь

هفت

8

восемь

هشت

9

девять

نه

10

десять

دَه

11

одиннадцать

یازده

12

двенадцать

دوازده

13

тринадцать

سیزده

14

четырнадцать

چهارده

15

пятнадцать

پانزده

16

шестнадцать

شانزده

17

семнадцать

هفده

18

восемнадцать

هجده

19

девятнадцать

نوزده

20

двадцать

بیست

100

сто

صد

1.000

тысяча

هزار

1.000.000

миллион

میلیون

ЯЗЫКИ
زبان ها

английский
....
انگلیسی

американский английский
....
انگلیسی آمریکایی

мандаринский китайский
....
چینی ماندارین

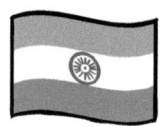

хинди
....
هندی

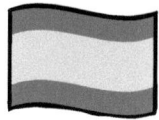

испанский
....
اسپانیایی

французский
....
فرانسوی

арабский
....
عربی

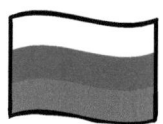

русский
....
روسی

португальский
....
پرتغالی

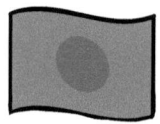

бенгальский
....
بنگالی

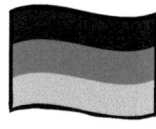

немецкий
....
آلمانی

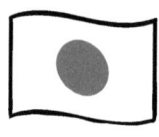

японский
....
ژاپنی

кто / что / как

چه کسی / چه چیزی / چگونه

я

من

ты

تو

он / она / оно

او

мы

ما

вы

شما

они

آنها

кто?

چه کسی؟ کی؟

что?

چی؟

как?

چگونه؟

где?

کجا؟

когда?

کِی؟

имя

نام

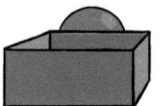

где

کجا

за

پشت

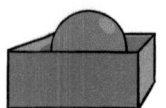

в

توی

перед

جلو

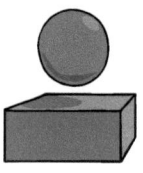

над

بالای

на

روی

под

زیر

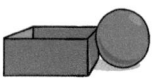

рядом

مجاور

между

بین

место

مکان